ΚΑΤΑΛΟΓΟΣ ΕΛΕΓΧΟΥ ΕΠΙΧΕΙΡΗΜΑΤΙΚΟΥ ΣΧΕΔΙΟΥ

Σχεδιάστε το δρόμο σας προς την επιχειρηματική επιτυχία

ΚΑΤΑΛΟΓΟΣ ΕΛΕΓΧΟΥ ΕΠΙΧΕΙΡΗΜΑΤΙΚΟΥ ΣΧΕΔΙΟΥ

Σχεδιάστε το δρόμο σας προς την επιχειρηματική επιτυχία

γραμμένο από Antoine Delers
μεταφρασμένο από Lina Sideris

50MINUTES.com

ΚΑΤΑΛΟΓΟΣ ΕΛΕΓΧΟΥ ΕΠΙΧΕΙΡΗΜΑΤΙΚΟΥ ΣΧΕΔΙΟΥ

ΒΑΣΙΚΕΣ ΠΛΗΡΟΦΟΡΙΕΣ

- **Ονόματα:** Σχέδιο ανάπτυξης

- **Χρήσεις:** Το επιχειρηματικό σχέδιο επιτρέπει την αξιολόγηση της σκοπιμότητας ενός σχεδίου, λαμβάνοντας υπόψη τα χαρακτηριστικά της αγοράς, και καθορίζει το σχέδιο μάρκετινγκ.

- **Λόγοι για την αποτελεσματικότητά του: Το** επιχειρηματικό σχέδιο βοηθά στον προσδιορισμό των ορίων και των προοπτικών ενός επιχειρηματικού σχεδίου, καθώς περιγράφει λεπτομερώς όλα τα σημεία που σχετίζονται με την έναρξη λειτουργίας της επιχείρησης: προϊόν, αγορά, πόροι κ.λπ. Είναι υποχρεωτικό κατά τη σύσταση μιας νέας επιχείρησης και κατά τη λήψη εξωτερικής χρηματοδότησης και συμβάλλει στον καθορισμό της βραχυπρόθεσμης και μεσοπρόθεσμης στρατηγικής και της οικονομικής αποδοτικότητας του σχεδίου, καθώς και των βασικών παραγόντων επιτυχίας. Οι προβλέψεις και οι στρατηγικές που καθορίζονται στο επιχειρηματικό σχέδιο χρησιμοποιούνται στη συνέχεια για την παρακολούθηση της ομαλής λειτουργίας των δραστηριοτήτων της επιχείρησης και, εάν είναι απαραίτητο, για την πραγματοποίηση προσαρμογών προκειμένου να επιτευχθούν όσο το δυνατόν πιο αποτελεσματικά οι στόχοι που είχαν αρχικά τεθεί.

- **Λέξεις-κλειδιά:**

  - <u>Χρηματοοικονομικό σχέδιο</u>: σχέδιο που περιγράφει λεπτομερώς τις οικονομικές εισροές και εκροές μιας δομής, συμπεριλαμβανομένων ιδίως των ιστορικών και προβλεπόμενων εκτιμήσεων και των καταστάσεων εσόδων.

  - <u>Αγορά</u>: αυστηρά μιλώντας, όλες οι εταιρείες, οι πελάτες, οι προμηθευτές και άλλοι μεσάζοντες που συμμετέχουν στην ίδια δραστηριότητα- ευρύτερα, περιλαμβάνει τα προϊόντα, τις πρώτες ύλες και τα τρίτα μέρη που αλληλεπιδρούν με την αγορά.

  - <u>Έρευνα αγοράς</u>: ποιοτική και/ή ποσοτική ανάλυση των διαφόρων ενδιαφερόμενων μερών, όπως πελάτες, προμηθευτές, ανταγωνιστές και τάσεις της αγοράς.

  - <u>Μείγμα μάρκετινγκ</u>: ο συνεκτικός συνδυασμός των μεταβλητών της τιμής, του προϊόντος, του τόπου και της προώθησης μιας δραστηριότητας (επικοινωνίας), που απευθύνεται στον καταναλωτή για να τον ενθαρρύνει να αγοράσει.

  - <u>Ανάλυση PESTLE</u>: η μελέτη των μακροοικονομικών παραγόντων (πολιτικοί, οικονομικοί, κοινωνικοπολιτιστικοί, τεχνολογικοί, περιβαλλοντικοί και νομικοί) του περιβάλλοντος που μπορούν να επηρεάσουν την ανάπτυξη μιας επιχείρησης. Η ανάλυση αυτή δεν ασχολείται με τους μικροοικονομικούς περιβαλλοντικούς παράγοντες, οι οποίοι, αν και είναι επίσης εκτός της επιχείρησης, είναι συγκεκριμένοι για τον τομέα δραστηριότητας μιας επιχείρησης.

- Ανάλυση SWOT: η μελέτη του εσωτερικού και του εξωτερικού περιβάλλοντος που επιτρέπει τον εντοπισμό των δυνατών σημείων, των αδυναμιών, των ευκαιριών και των απειλών που σχετίζονται με μια συγκεκριμένη επιχείρηση.

ΕΙΣΑΓΩΓΗ

Η προέλευση του επιχειρηματικού σχεδίου συμπίπτει με την αυξανόμενη επιθυμία να δημιουργηθεί και να εξασφαλιστεί ένας βαθμός σταθερότητας, ιδίως όσον αφορά τη χρηματοδότηση, για ένα νέο εγχείρημα (υλοποίηση ενός σχεδίου, δημιουργία μιας επιχείρησης κ.λπ.). Για να περιγραφεί η μελλοντική κατάσταση ενός επιχειρηματικού σχεδίου, με στόχο την πραγματοποίησή του, απαιτείται ένα επιχειρηματικό σχέδιο. Ιδιαίτερα κατά τη διάρκεια της δεκαετίας του 1970 -μια περίοδος κατά την οποία πολλαπλασιάστηκαν οι κρίσεις και οι διατομεακές αλλαγές (λόγω των πετρελαϊκών κρίσεων και της άφιξης των ηλεκτρονικών υπολογιστών)- το εργαλείο αυτό έγινε απαραίτητο για την αποτελεσματική ίδρυση και λειτουργία μιας επιχείρησης. Επιτρέπει στους χρήστες να προσελκύσουν την προσοχή των υπευθύνων λήψης αποφάσεων, των διευθυντών, των τραπεζιτών κ.λπ. Όλοι αυτοί είναι δυνητικοί ενδιαφερόμενοι που, αν δουν τη δυνατότητα κέρδους, μπορεί να θελήσουν να επενδύσουν στο έργο.

ΟΡΙΣΜΟΣ ΤΟΥ ΜΟΝΤΕΛΟΥ

Το επιχειρηματικό σχέδιο παρέχει πληροφορίες στους διαχειριστές, τους μετόχους και τους δυνητικούς δανειστές, παρέχοντας μια επισκόπηση της (νέας) εταιρείας, των μοντέλων ανάπτυξής της, των στρατηγικών επιλογών της και του περιβάλλοντός της. Συγκεκριμένα, το έγγραφο περιγράφει κυρίως

- **Η εταιρεία και τα κύρια χαρακτηριστικά της**, μέσω μιας περιγραφής της στρατηγικής και των μελλοντικών στόχων της, μιας μελέτης των δυνατών και αδύνατων σημείων της (νέας) εταιρείας και, τέλος, μιας παρουσίασης της μελλοντικής ομάδας,

- **Η αγορά και οι πελάτες,** μέσω της έρευνας αγοράς που ενημερώνει τους τρίτους για την κατάσταση της αγοράς (ανάπτυξη, δυνατότητες κ.λπ.), τους πελάτες (αγοραστική συμπεριφορά κ.λπ.), τους ανταγωνιστές, τους προμηθευτές και άλλους βασικούς μεσάζοντες.

- **Ο αναμενόμενος ανταγωνισμός**, ο οποίος παραθέτει τα κύρια πλεονεκτήματα των ανταγωνιστών, συμπεριλαμβανομένων των ανταγωνιστικών πλεονεκτημάτων που θα προσπαθήσει να αποκτήσει η (νέα) εταιρεία,

- **Το σχέδιο μάρκετινγκ**, το οποίο περιγράφει λεπτομερώς την προτεινόμενη στρατηγική μάρκετινγκ για το προϊόν ή την υπηρεσία,

- **Το επιχειρησιακό σχέδιο**, το οποίο περιγράφει την οργάνωση της εταιρείας σε καθημερινή βάση, ιδίως μέσω της ανάλυσης της αλυσίδας αξίας και των διαφόρων διαδικασιών,

- **Το οικονομικό σχέδιο**, το οποίο ολοκληρώνει το επιχειρηματικό σχέδιο με την προβολή των οικονομικών προβλέψεων για αρκετά έτη, συμπεριλαμβανομένης της αναμενόμενης απόδοσης της επένδυσης (ROI). Αυτό είναι το τμήμα που θα ενδιαφέρει περισσότερο τους επενδυτές και τους τραπεζίτες. Περιλαμβάνει κυρίως τα αναμενόμενα έσοδα και έξοδα κατά τα πρώτα χρόνια της έναρξης λειτουργίας, αλλά και το επενδυτικό σχέδιο, τους διάφορους οικονομικούς εταίρους στους οποίους απευθύνεται και τους προβλεπόμενους ισολογισμούς και τις καταστάσεις αποτελεσμάτων χρήσης.

- 8 -

ΘΕΩΡΙΑ

Αν και ο όρος υπάρχει εδώ και πάνω από έναν αιώνα, η χρήση του επιχειρηματικού σχεδίου δεν διαδόθηκε παρά μόνο στα τέλη της δεκαετίας του 1960 και στις αρχές της δεκαετίας του 1970 (το τέλος της "πολιτιστικής δεκαετίας" της δεκαετίας του '60 και η εμφάνιση των πετρελαϊκών κρίσεων που ξεκίνησαν το 1973). Εκείνη την εποχή, παρατηρήθηκαν δύο σημαντικές αλλαγές:

- την απροθυμία των επενδυτών,

- την εμφάνιση και την ανάπτυξη της πληροφορικής.

Η ΑΠΡΟΘΥΜΙΑ ΤΩΝ ΕΠΕΝΔΥΤΩΝ

Μετά τις κρίσεις που αποθάρρυναν τους επενδυτές, κατέστη αναγκαίο για τις επιχειρήσεις που αναζητούν χρηματοδότηση να σχεδιάσουν και να δώσουν προσοχή στην παρουσίαση του έργου τους, προκειμένου να πείσουν αποτελεσματικά τους δυνητικούς μετόχους. Η παρουσίασή τους έπρεπε να είναι δομημένη, επαγγελματική και όσο το δυνατόν πιο ρεαλιστική.

Η αντιστροφή της καμπύλης προσφοράς και ζήτησης ενθάρρυνε τους επενδυτές να είναι πιο προσεκτικοί στη χρηματοδότησή τους: ήθελαν πλέον να διασφαλίσουν ότι δεν θα παραβλέψουν καμία λεπτομέρεια. Με την πτώση της ζήτησης να συμπίπτει με τον πολλαπλασιασμό των όλο και πιο επικίνδυνων σχεδίων, κατέστη απαραίτητο να μπορεί να διασφαλιστεί, χάρη σε μια σταθερή βάση -δηλαδή ένα αντικειμενικό και ρεαλιστικό επιχειρηματικό σχέδιο- ότι η επιχείρηση ήταν σίγουρα βιώσιμη. Συνδεδεμένη επίσης με αυτή την αλλαγή, η αυξημένη ανταγωνιστικότητα απαιτούσε από τους επιχειρηματίες να είναι πιο αυστηροί στο έργο τους (επιλογή και πρόβλεψη των πιθανών κινδύνων) κατά τη δημιουργία μιας επιχείρησης ή την κυκλοφορία ενός νέου προϊόντος, οδηγώντας τους στη διεξαγωγή μιας προκαταρκτικής μελέτης για την επιβεβαίωση των προοπτικών επιτυχίας.

Η ΕΜΦΑΝΙΣΗ ΚΑΙ Η ΑΝΑΠΤΥΞΗ ΤΗΣ ΠΛΗΡΟΦΟΡΙΚΗΣ

Η δεύτερη αλλαγή συνδέεται με την εμφάνιση των ηλεκτρονικών υπολογιστών στα νοικοκυριά και των άυλων (εικονικών) προϊόντων. Η άνοδος της Silicon Valley στις Ηνωμένες Πολιτείες, γενέτειρα των εταιρειών τεχνολογίας, συνέβαλε σε αυτή την εξέλιξη. Από τη μία πλευρά, η δημιουργία πολλών νεοφυών επιχειρήσεων απαιτούσε σημαντικές επενδύσεις. Από την άλλη πλευρά, οι επενδυτές έπρεπε να διασφαλίσουν τη βιωσιμότητα και την απόδοση των κεφαλαίων των έργων που χρηματοδοτούσαν.

Η ΚΑΤΑΣΤΑΣΗ ΣΗΜΕΡΑ

Σήμερα, η κατάρτιση ενός επιχειρηματικού σχεδίου έχει καταστεί σχεδόν απαραίτητη για τη διαχείριση και τη δημιουργία νέων δραστηριοτήτων ή ακόμη και για την εγκατάλειψη ορισμένων δραστηριοτήτων και τη συνακόλουθη αναδιάταξη των πόρων. Οι ηγέτες χρειάζονται μια σταθερή και συνεπή βάση για να εργαστούν, και οι επενδυτές απαιτούν ορισμένες ζωτικής σημασίας πληροφορίες για να επενδύσουν τα χρήματά τους με εμπιστοσύνη. Σε ένα μικρό αριθμό περιπτώσεων, η απουσία αυτού του εγγράφου είναι δικαιολογημένη. Οι περιπτώσεις αυτές θα συζητηθούν στην ενότητα σχετικά με τους περιορισμούς του μοντέλου.

ΤΑ 9 ΒΑΣΙΚΑ ΒΗΜΑΤΑ ΓΙΑ ΤΗΝ ΕΠΙΤΥΧΙΑ – ΤΟ ΚΛΑΣΙΚΟ ΕΠΙΧΕΙΡΗΜΑΤΙΚΟ ΣΧΕΔΙΟ

Το επιχειρηματικό σχέδιο είναι μια μελλοντική πρόβλεψη για ένα έργο, τη στρατηγική του και τις οικονομικές του καταστάσεις. Παρόλο που δεν υπάρχει ένας μόνο σωστός τρόπος για τη δημιουργία του (είναι δυνατές παραλλαγές και ένα επιχειρηματικό σχέδιο μπορεί να περιλαμβάνει από επτά έως 12 κεφάλαια), εμείς επιλέξαμε να παρουσιάσουμε το σχέδιο σε εννέα ενότητες.

1. Συνοπτική παρουσίαση

2. Παρουσίαση της εταιρείας και της ομάδας διαχείρισης

3. Έρευνα αγοράς

4. Ανάλυση της πελατειακής βάσης

5. Ανάλυση του ανταγωνισμού

6. Σχέδιο μάρκετινγκ

7. Επιχειρησιακό σχέδιο

8. Οικονομικό σχέδιο

9. Παραρτήματα

Συνοπτική παρουσίαση

Η σύνοψη (ή σύνοψη διαχείρισης) είναι μια επισκόπηση του έργου μιας ή δύο σελίδων, η οποία προορίζεται για τα αρμόδια στελέχη και τρίτους. Η περίληψη αυτή θα πρέπει να παρουσιάζει συνοπτικά τις κύριες κατευθυντήριες αρχές του επιχειρηματικού σχεδίου: το είδος των προϊόντων και υπηρεσιών που δημιουργούνται, τη στρατηγική που εφαρμόζεται, τους πελάτες και, τέλος, τα οικονομικά στοιχεία, συμπεριλαμβανομένης της απόδοσης επένδυσης. Πρέπει να είναι πλήρης ώστε να επιτρέπει στον αναγνώστη να αποκτήσει γρήγορα μια ιδέα για τις δυνατότητες του σχεδίου.

Παρουσίαση της εταιρείας και της ομάδας διαχείρισης

Το δεύτερο μέρος του επιχειρηματικού σχεδίου αφορά την ίδια την εταιρεία, τη συνολική στρατηγική της, τους βραχυπρόθεσμους, μεσοπρόθεσμους και μακροπρόθεσμους στόχους της, καθώς και τα δυνατά σημεία και τις προσδοκίες της (μελλοντικές προκλήσεις). Σε αυτό το στάδιο της μελέτης, μπορεί να αξίζει να χρησιμοποιηθεί μια ανάλυση SWOT για την περιγραφή της εταιρείας και του περιβάλλοντός της: ο επιχειρηματίας μπορεί να εκμεταλλευτεί αυτή την ευκαιρία για να εντοπίσει τα δυνατά σημεία, τις αδυναμίες, τις ευκαιρίες και τις απειλές.

Σε μια ανάλυση SWOT, τα δυνατά σημεία είναι τα εγγενή πλεονεκτήματα της εταιρείας, όπως η τοποθεσία της σε ένα μέρος που ευνοεί την επιχειρηματική δραστηριότητα, ενώ οι αδυναμίες αντιπροσωπεύουν τα (εσωτερικά) μειονεκτήματα. Τέλος, οι ευκαιρίες και οι απειλές (εξωτερικοί παράγοντες) προσδιορίζουν τις μελλοντικές προοπτικές της εταιρείας. Εναπόκειται στην εταιρεία να εκμεταλλευτεί τις ευκαιρίες αποφεύγοντας τις απειλές και να διορθώσει τις αδυναμίες χρησιμοποιώντας τα δυνατά της σημεία.

Εδώ πρέπει επίσης να καθοριστούν οι βραχυπρόθεσμοι, μεσοπρόθεσμοι και μακροπρόθεσμοι στόχοι της εταιρείας: αύξηση του μεριδίου αγοράς, αύξηση του αριθμού των πελατών, αύξηση της κερδοφορίας κ.λπ.

Τέλος, η παρουσίαση της εταιρείας περιλαμβάνει την περιγραφή της ομάδας διαχείρισης, δηλαδή την εμπειρία, τη συμβολή και τις μελλοντικές αρμοδιότητες των εταίρων που θα ξεκινήσουν και θα διοικήσουν την εταιρεία.

Έρευνα αγοράς

Η έρευνα αγοράς παρουσιάζει την αγορά στο σύνολό της, μαζί με παράγοντες εκτός της επιχείρησης που θα μπορούσαν να έχουν κάποια επιρροή στη μελλοντική εταιρεία (ή στο μέλλον της εταιρείας). Σκοπός της ενότητας αυτής δεν είναι να περιγράψει τους πελάτες και τη συμπεριφορά τους, αλλά να παρουσιάσει γενικότερα τη σύνθεση της σημερινής αγοράς, τις τάσεις που πρέπει να αναμένονται, την ισχύουσα νομοθεσία κ.λπ. Για να αποκτήσει κανείς μια πλήρη και ακριβή εικόνα της εξωτερικής κατάστασης, μπορεί να πραγματοποιήσει μια ανάλυση PESTLE. Αυτή παρουσιάζει το μακροοικονομικό περιβάλλον μέσα από ένα πλαίσιο έξι παραγόντων.

- **Πολιτική.** Πόση κυβερνητική πίεση υπάρχει; Πόσο σταθερή είναι πολιτικά η κατάσταση;

- **Οικονομικά.** Ποια είναι τα επιτόκια και οι ρυθμοί ανάπτυξης; Ποια είναι η νομισματική πολιτική;

- **Κοινωνικο-πολιτισμική.** Ποια είναι η δημογραφική κατάσταση; Ποια είναι η ισχύουσα κοινωνική νομοθεσία;

- **Τεχνολογικά.** Ποιες τεχνολογίες και νέες πατέντες είναι διαθέσιμες;

- **Οικολογική.** Ποια είναι τα περιβαλλοντικά πρότυπα; Ποια πολιτική βιώσιμης ανάπτυξης εφαρμόζεται;

- **Νομοθετικό.** Ποιοι είναι οι νόμοι που ισχύουν στον τομέα; Ποια είναι η προστασία των καταναλωτών;

Αυτό το είδος ανάλυσης επιδιώκει να επιβεβαιώσει την καταλληλότητα και τη νομιμότητα της ίδρυσης μιας νέας εταιρείας στην αγορά.

 # ΕΡΕΥΝΑ ΑΓΟΡΑΣ

Η έρευνα αγοράς αποτελεί συνήθως το θεμέλιο κάθε επιχειρηματικού σχεδίου. Είναι ένα σχεδόν υποχρεωτικό βήμα, καθώς επιτρέπει στον επιχειρηματία να γνωρίζει τις πραγματικές συνθήκες της αγοράς στην οποία η εταιρεία του είναι ή θα είναι μέρος. Ωστόσο, συχνά παραμελείται επειδή απαιτεί χρόνο και οι άνθρωποι που εργάζονται πάνω στο σχέδιο προτιμούν να αφιερώσουν αυτόν τον χρόνο σε απτές ενέργειες για τη σύσταση της εταιρείας. Η έρευνα αγοράς χρησιμοποιείται όταν επιδιώκεται να:

- Προσδιορίστε τις τάσεις της αγοράς, για να δείτε αν η αγορά-στόχος είναι ευνοϊκή ή όχι για τη νέα εταιρεία.

- Καθορίστε τους πελάτες-στόχους, την προέλευσή τους και την αγοραστική τους συμπεριφορά.

- Γνωρίστε καλύτερα τον ανταγωνισμό. Είναι οι ανταγωνιστές καθιερωμένοι; Τι προϊόντα προσφέρουν; Ποια είναι τα δυνατά τους σημεία ή τα ανταγωνιστικά τους πλεονεκτήματα;

- Ενημερωθείτε για τις πτυχές που σχετίζονται με τους προμηθευτές (αριθμός, συμφωνίες και πιθανά περιθώρια κέρδους).

- Προσδιορίστε άλλες επιρροές, όπως η τοποθεσία, οι εμπορικοί νόμοι, οι κοινωνικοί κανόνες και άλλοι εταίροι.

Ανάλυση της πελατειακής βάσης: ποιοι είναι οι πελάτες-στόχοι;

Η ανάλυση της πελατειακής βάσης είναι ένα από τα πιο σημαντικά σημεία που πρέπει να αναπτυχθούν στο επιχειρηματικό σχέδιο, διότι χωρίς πελάτες, προφανώς δεν θα υπάρχουν πολλά χρήματα που θα εισέρχονται! Συνεπώς, η ανάλυση αποσκοπεί στην περιγραφή της πελατειακής βάσης στην οποία θα στοχεύει στο μέλλον. Σε αυτό το στάδιο, πρέπει να δούμε με σαφήνεια ποιοι την απαρτίζουν, πώς θα την τμηματοποιήσουμε, ποια περιοχή προσέγγισης θα επιλέξουμε κ.λπ. Τα στατιστικά ινστιτούτα μπορούν συνήθως να παράσχουν ένα σημαντικό μέρος αυτών των πληροφοριών.

Οι ανάγκες των καταναλωτών, δηλαδή το τι θέλουν οι καταναλωτές, πρέπει επίσης να κατέχουν εξέχουσα θέση σε αυτό το τμήμα, προκειμένου να καθοριστούν τα χαρακτηριστικά των πελατών-στόχων. Επομένως, η έρευνα αγοράς στον τομέα αυτό είναι απαραίτητη προκειμένου να παρατηρηθούν οι αγοραστικές συνήθειες και οι επιθυμίες των καταναλωτών, η αγοραστική τους δύναμη και η τιμή που είναι διατεθειμένοι να πληρώσουν, με στόχο την παραγωγή προϊόντων που μπορούν να καλύψουν τις ανάγκες τους.

Ανάλυση του ανταγωνισμού

Στη συνέχεια, είναι απαραίτητο να επικεντρωθούμε περισσότερο σε παράγοντες εκτός της εταιρείας, οι οποίοι διαδραματίζουν άμεσο ρόλο στον τομέα της και επηρεάζουν τη λεπτή ισορροπία προσφοράς και ζήτησης. Η παρούσα ενότητα έχει ως στόχο να αναδείξει τους διάφορους ανταγωνιστές που έχουν ήδη εδραιωθεί στην αγορά και να αναλύσει τα προϊόντα τους, τις τιμές που θέτουν και τα ανταγωνιστικά τους πλεονεκτήματα. Στόχος είναι να γνωρίζει η εταιρεία πώς μπορεί να τους ξεπεράσει και ποιο ανταγωνιστικό πλεονέκτημα μπορεί να αναπτύξει. Αν και είναι δύσκολο να πραγματοποιηθεί εξαντλητικά, μια ανάλυση SWOT των ανταγωνιστών θα εντοπίσει τα δυνατά και αδύνατα σημεία τους.

Τέλος, η ταξινόμηση των άμεσων και έμμεσων ανταγωνιστών μπορεί επίσης να αποδειχθεί ενδιαφέρουσα και η εταιρεία δεν πρέπει να παραμελήσει κανέναν από αυτούς.

- **Άμεσοι ανταγωνιστές** είναι εκείνοι που παρέχουν μια υπηρεσία πανομοιότυπη με εκείνη της εταιρείας για την κάλυψη μιας παρόμοιας ανάγκης.

- **Οι έμμεσοι ανταγωνιστές** προσφέρουν διαφορετική υπηρεσία, αλλά καλύπτουν την ίδια ανάγκη.

Σχέδιο μάρκετινγκ ή το μείγμα μάρκετινγκ

Χάρη στις αναλύσεις πελατών και ανταγωνισμού που πραγματοποιούνται, καθίσταται στη συνέχεια δυνατός ο καθορισμός της στρατηγικής προσέγγισης των μελλοντικών καταναλωτών και ο σχεδιασμός ενός σχεδίου μάρκετινγκ. Το σχέδιο αυτό, που ονομάζεται επίσης "μείγμα μάρκετινγκ", περιγράφει τα κύρια στοιχεία της στρατηγικής μάρκετινγκ ενός προϊόντος ή μιας υπηρεσίας.

* **Προϊόν.** Ποιο είναι το προϊόν ή η υπηρεσία που προσφέρεται;

* **Τιμή.** Είναι η τιμή ευθυγραμμισμένη με εκείνη των ανταγωνιστών; Πώς μπορεί μια διαφορά τιμής να επηρεάσει την αγοραστική συμπεριφορά των πελατών;

* **Τόπος (κανάλια διανομής).** Σε ποια κανάλια πωλήσεων θα διανεμηθεί; Στο διαδίκτυο; Στο κατάστημα;

* **Προώθηση (επικοινωνία και διάχυση).** Ποια διαφήμιση πρέπει να χρησιμοποιηθεί; Ποιος τόνος πρέπει να χρησιμοποιηθεί; Ποια εικόνα και ποιες αξίες θέλουμε να μεταδώσουμε;

Αυτός ο συνδυασμός τεσσάρων μεταβλητών επιτρέπει την ανάπτυξη ενός συνεκτικού σχεδίου για την εφαρμογή μιας στρατηγικής μάρκετινγκ. Τα κύρια σημεία της ανάλυσης SWOT που διενεργήθηκε προηγουμένως μπορούν να χρησιμοποιηθούν παράλληλα με το σχέδιο αυτό.

 # Η ΘΕΩΡΙΑ ΤΩΝ 7 Ps

Παρόλο που τα 4 Ps είναι ένας αποτελεσματικός και λογικός συνδυασμός για τη δόμηση ενός σχεδίου μάρκετινγκ, ορισμένοι προτιμούν να συμπεριλάβουν άλλα δύο, τρία ή τέσσερα στοιχεία για να προσθέσουν περισσότερες αποχρώσεις. Αυτές οι πιο δημοφιλείς πρόσθετες μεταβλητές είναι οι "Άνθρωποι", μια έννοια που περιλαμβάνει τους πωλητές και την ικανότητά τους να πωλούν, και η "Φυσική υποστήριξη", η οποία περιλαμβάνει τόσο τα σημεία λιανικής πώλησης όσο και τους χώρους προώθησης.

Επιχειρησιακό σχέδιο

Το τμήμα αυτό είναι αφιερωμένο στη διαχείριση της εταιρείας και στις καθημερινές δραστηριότητές της: την οργάνωση των διαφόρων τμημάτων, τις αλληλεπιδράσεις με τους εξωτερικούς ενδιαφερόμενους (όπως οι προμηθευτές) κ.λπ. Πρέπει να είναι σε θέση να απαντήσει στις ακόλουθες ερωτήσεις: Πώς είναι οργανωμένη η εταιρεία εσωτερικά; Πώς μπορεί να αποκτηθεί το προϊόν; Ποιες διαδικασίες εφαρμόζονται; Ποιες σχετικές υπηρεσίες ανατίθενται σε εξωτερικούς συνεργάτες; Τέλος, ανάλογα με τη μορφή του επιχειρηματικού σχεδίου, υπάρχουν διάφοροι τρόποι παρουσίασης των πληροφοριών:

- Ένα διάγραμμα που δείχνει τα διάφορα τμήματα, ενδεχομένως με τους μεταξύ τους δεσμούς,

- Ένα λεπτομερές σχέδιο ανά μήνα των διαφόρων δραστηριοτήτων εκκίνησης, συμπεριλαμβανομένων των βασικών ορόσημων του έργου,

- Ανάλυση της αλυσίδας αξίας, δηλαδή παρουσίαση των δραστηριοτήτων από το στάδιο της έρευνας και της ανάπτυξης έως την εξυπηρέτηση μετά την πώληση.

Οικονομικό σχέδιο

Δεδομένου ότι οι πτωχεύσεις είναι αρκετά συχνές στις μέρες μας, ιδίως μεταξύ των νεοσύστατων επιχειρήσεων, το κριτήριο της βιωσιμότητας έχει καταστεί ζωτικής σημασίας: εάν οι επιχειρήσεις δεν είναι σαφώς βιώσιμες, οι χρηματοδότες θα είναι απρόθυμοι να επενδύσουν, επιβραδύνοντας έτσι τη δυναμική της οικονομίας. Εκτός από τις αναμενόμενες εισροές και εκροές, το χρηματοοικονομικό σχέδιο περιλαμβάνει το επενδυτικό σχέδιο, τους στοχευόμενους χρηματοοικονομικούς εταίρους και τους προβλεπόμενους ισολογισμούς και καταστάσεις αποτελεσμάτων.

Αυτό το χρηματοοικονομικό σχέδιο, το οποίο συνήθως καλύπτει τρία έτη, είναι σίγουρα ένα από τα τμήματα του επιχειρηματικού σχεδίου με τις περισσότερες διαβουλεύσεις, διότι αφορά την ευθύνη των παρόχων χρηματοδότησης κατά τα τρία πρώτα έτη από την έναρξη λειτουργίας και παρουσιάζει ιδιαίτερο ενδιαφέρον για τους τραπεζίτες και τους επενδυτές, οι οποίοι θέλουν να διασφαλίσουν ότι η εταιρεία είναι βιώσιμη. Οι επενδυτές θα εστιάσουν στον κίνδυνο σε σχέση με την παραγωγή και την απόδοση της επένδυσης, ενώ οι τραπεζίτες θα ελέγξουν ότι η εταιρεία θα είναι σε θέση να αποπληρώσει τα δάνεια κατά τα πρώτα χρόνια. Αξίζει να σημειωθεί ότι, παρόλο που ένα οικονομικό σχέδιο μπορεί να καλύπτει πέντε ή δέκα έτη, η πολύ μακρινή προβολή στο μέλλον μπορεί να οδηγήσει σε ανακριβείς προβλέψεις, ακόμη και, σε ορισμένες περιπτώσεις, σε εντελώς λανθασμένες προβλέψεις.

Όπως και με το επιχειρησιακό σχέδιο, αυτό μπορεί να περιγράφεται σε διάφορα σημεία ανάλογα με τις ανάγκες. Περιλαμβάνει:

- **Πίνακας με τις χρήσεις και τις συνεισφορές των χρηματοδοτικών πόρων για την έναρξη λειτουργίας της εταιρείας.** Τα μέτρα αυτά μπορεί να περιλαμβάνουν τα έξοδα εκκίνησης, τα ενσώματα και χρηματοοικονομικά περιουσιακά στοιχεία, τα αποθέματα, το αρχικό υπόλοιπο και τις διάφορες εισφορές και τα δάνεια που θα ληφθούν.

- **Ισολογισμοί και προβλεπόμενες καταστάσεις εσόδων για τα τρία πρώτα έτη.** Εδώ, δεν χρειάζεται να επισυνάψετε τα πλήρη έγγραφα (διότι αυτά μπορούν επίσης να συμπεριληφθούν στην ενότητα των παραρτημάτων του επιχειρηματικού σχεδίου): πρέπει να υπάρχουν μόνο τα πιο σημαντικά στοιχεία.

Παραρτήματα

Τέλος, η ενότητα των παραρτημάτων περιέχει όλα τα έγγραφα και τις πληροφορίες που δεν μπορούν να βρεθούν στο κύριο μέρος του επιχειρηματικού σχεδίου. Περιλαμβάνει ένα λεπτομερές οικονομικό σχέδιο, έρευνα αγοράς, τα βιογραφικά σημειώματα των ιδρυτών, αντίγραφα εγγράφων της εταιρείας, διπλώματα ευρεσιτεχνίας και άδειες χρήσης, καθώς και κάθε άλλο έγγραφο που παρέχει σχετικές πληροφορίες.

ΕΦΑΡΜΟΓΕΣ ΤΟΥ ΕΠΙΧΕΙΡΗΜΑΤΙΚΟΥ ΣΧΕΔΙΟΥ

ΣΥΜΒΟΥΛΕΣ ΚΑΙ ΚΟΡΥΦΑΙΕΣ ΣΥΜΒΟΥΛΕΣ

Συγκεκριμένες εφαρμογές στις επιχειρήσεις

Εκτός από τις δύο γενικές καταστάσεις που έχουμε ήδη περιγράψει (έναρξη μιας επιχείρησης ή έναρξη ενός μεγάλου έργου) και για τις οποίες είναι υποχρεωτική ή συνιστάται η χρήση ενός επιχειρηματικού σχεδίου, αυτό το είδος εγγράφου αποδεικνύεται επίσης χρήσιμο για:

- Παρακολούθηση της εταιρείας καθώς εξελίσσεται με την πάροδο των ετών, χρησιμεύοντας ως έγγραφο αναφοράς και διασφαλίζοντας ότι το έργο δεν απομακρύνεται πολύ από τις αρχικές προβλέψεις. Σε περίπτωση σημαντικών στρατηγικών αλλαγών, το επιχειρηματικό σχέδιο μπορεί να προσαρμοστεί (όσο πιο γρήγορα παρατηρούνται οι διαφορές, τόσο πιο γρήγορα μπορούν να αντιμετωπιστούν).

- Πείθοντας τους επενδυτές και τους δανειστές για την κερδοφορία του έργου και τα οφέλη της επένδυσης ή της έγκρισης ενός δανείου.

- Η εκπλήρωση ορισμένων νομικών απαιτήσεων, ιδίως η υποβολή οικονομικού σχεδίου για τη δημιουργία ΑΕ (ανώνυμη εταιρεία) ή ΕΠΕ (εταιρεία περιορισμένης ευθύνης), το οποίο πρέπει να επισυνάπτεται στο καταστατικό που κατατίθεται στο συμβολαιογράφο.

- Αύξηση της αξιοπιστίας στα μάτια πιθανών μελλοντικών μεσαζόντων (προμηθευτές, διανομείς κ.λπ.).

👁 ΤΑ ΒΑΣΙΚΑ ΠΛΕΟΝΕΚΤΗΜΑΤΑ ΕΝΟΣ ΕΠΙΧΕΙΡΗΜΑΤΙΚΟΥ ΣΧΕΔΙΟΥ

1. Το επιχειρηματικό σχέδιο συμβάλλει στον καθορισμό των εσωτερικών και εξωτερικών χαρακτηριστικών του έργου και στη διασφάλιση ότι όλα τα σχετικά ζητήματα έχουν μελετηθεί και ότι δεν υπάρχουν γκρίζες ζώνες. Το να ξεχάσετε να λάβετε υπόψη σας τον έντονο ανταγωνισμό ή ένα εμπόδιο εισόδου στην αγορά θα είναι επιζήμιο.

2. Συνδέεται με αυτό το πρώτο πλεονέκτημα, καθορίζει τη στρατηγική και διασφαλίζει τη σκοπιμότητα του έργου.

3. Αυτό το τυποποιημένο έγγραφο μπορεί να παρουσιαστεί και να γίνει κατανοητό από όλους τους εμπλεκόμενους, όπως οι επενδυτές και οι δανειστές. Ως εκ τούτου, ακόμη και αν ο τραπεζικός νόμος δεν απαιτεί από τον επιχειρηματία να υποβάλει επιχειρηματικό σχέδιο όταν ζητά (τραπεζικό) δάνειο, θα είναι δύσκολο να αντλήσει κεφάλαια χωρίς να διαθέτει ένα τέτοιο σχέδιο.

4. Τέλος, το επιχειρηματικό σχέδιο διευκολύνει τον προγραμματισμό σε στρατηγικό, επιχειρησιακό και οικονομικό επίπεδο για τα πρώτα χρόνια και επιτρέπει στους χρήστες να αξιολογούν κατά πόσον οι στόχοι επιτυγχάνονται κατά την έναρξη λειτουργίας.

- **Όταν δημιουργείτε ένα επιχειρηματικό σχέδιο, σκεφτείτε αντικειμενικά.** Είναι σημαντικό να εκτιμήσετε σωστά και λογικά τα διάφορα σημεία και, κυρίως, να συνειδητοποιήσετε ότι η χορήγηση ενός δυσανάλογου μισθού στο τέλος του πρώτου έτους μετά την έναρξη ενός νέου έργου δεν είναι απαραίτητα ρεαλιστική.

- **Διασφαλίστε, στο μέτρο του δυνατού, ότι το έργο είναι εφικτό.** Αυτό μπορεί να φαίνεται προφανές, αλλά το να είναι επαρκώς κερδοφόρο μετά από τρία χρόνια είναι σημαντικό για την επιβίωση.

- **Συγκρίνετε τις προβλέψεις με εκείνες των ανταγωνιστών.** Αυτό θα σας βοηθήσει να προσδιορίσετε αν η ανάλυσή σας είναι κατάλληλη. Εάν δεν είναι έτσι, διορθώστε την αμέσως.

- **Εγκρίνετε το σχέδιο από ειδικούς στον τομέα.** Αυτό μπορεί να αφορά μια ενιαία υπηρεσία για επιχειρήσεις, η οποία μπορεί να επισημάνει ορισμένα πράγματα που λείπουν και να σας επιτρέψει έτσι να αναθεωρήσετε τη στρατηγική σας, ώστε το επιχειρηματικό σας σχέδιο να είναι πιο προσαρμοσμένο στις πραγματικότητες της αγοράς.

- **Βάλτε μη ειδικούς να διαβάσουν το επιχειρηματικό σχέδιο.** Ένα επιχειρηματικό σχέδιο πρέπει να είναι ευανάγνωστο και κατανοητό από όλους, είτε είναι ειδικοί στον τομέα είτε όχι.

- **Ακολουθήστε τις αλλαγές της εταιρείας με βάση το επιχειρηματικό σχέδιο και προσαρμοστείτε αναλόγως.** Αυτό είναι ένα από τα σημαντικότερα πλεονεκτήματα του εργαλείου, καθώς επαληθεύει ότι η επιδιωκόμενη στρατηγική έχει εφαρμοστεί σωστά. Επομένως, είναι σημαντικό το επιχειρηματικό σχέδιο να παραμείνει βάση ανάπτυξης και υποστήριξης για τη διαχείριση της επιχείρησης, και ιδίως για νέες δραστηριότητες, κατά τα πρώτα χρόνια μετά την έναρξη λειτουργίας.

- **Τέλος, μην αποκρύπτετε επιβλαβείς πληροφορίες, μην αποκρύπτετε τους πραγματικούς κινδύνους και μην τροποποιείτε τις οικονομικές προβλέψεις.** Οι ιδρυτές πρέπει να αναλάβουν την ευθύνη αν η εταιρεία χρεοκοπήσει!

ΕΠΙΠΤΩΣΕΙΣ

ΚΡΙΤΙΚΕΣ ΓΙΑ ΤΟ ΕΠΙΧΕΙΡΗΜΑΤΙΚΟ ΣΧΕΔΙΟ

Όπως συμβαίνει με κάθε μοντέλο, υπάρχουν ορισμένες επικρίσεις για το επιχειρηματικό σχέδιο.

- **Το επιχειρηματικό σχέδιο αποτελεί μόνο μια προσωρινή μελέτη του σχεδίου και, ως εκ τούτου, δεν είναι μια ασφαλής εγγύηση της κερδοφορίας.** Πολλά απρόβλεπτα γεγονότα μπορούν να θέσουν σε κίνδυνο τις προβλέψεις που έχουν καταρτιστεί: λανθασμένος υπολογισμός του κύκλου εργασιών, κακή εκτίμηση της αγοράς, μείωση της κατανάλωσης, λάθος στο σχεδιασμό του προϊόντος ή πόλεμος τιμών με τον ανταγωνισμό. Κανείς δεν μπορεί να προβλέψει το μέλλον, αλλά δεν πρέπει να ξεχνάμε ότι το επιχειρηματικό σχέδιο θα εξακολουθεί να λειτουργεί ως βάση εργασίας.

- **Οι τακτικές αλλαγές που γίνονται στο επιχειρηματικό σχέδιο μπορεί να φαίνονται κάπως επίπονες.** Στην περίπτωση νεοσύστατων επιχειρήσεων ή επιχειρήσεων σε ιδιαίτερα ασταθείς τομείς (για παράδειγμα, στην πληροφορική, όπου τα προϊόντα παλιώνουν πολύ γρήγορα), οι αλλαγές στο σχέδιο είναι συχνές: αλλαγή στρατηγικής, βελτίωση του έργου, απροσδόκητη αλλαγή πελατών κ.λπ. Το αρχικό επιχειρηματικό σχέδιο δεν είναι πλέον σχετικό, καθώς το περίγραμμά του απέχει πολύ από την πραγματικότητα.

- **Έλλειψη πόρων (χρόνου, ενέργειας και δεξιοτήτων) για την κατάρτιση ενός ολοκληρωμένου και αποτελεσματικού επιχειρηματικού σχεδίου.** Καθώς η εκπόνησή του είναι συχνά χρονοβόρα και κουραστική, το επιχειρηματικό σχέδιο φαίνεται συνεπώς ανεφάρμοστο για τους νέους επιχειρηματίες που δεν έχουν αρκετό χρόνο για να το αφιερώσουν. Η έρευνα αγοράς, η έρευνα προϊόντος, η περιγραφή της εταιρείας και το οικονομικό σχέδιο απαιτούν επίσης εξωτερικούς πόρους για διόρθωση και έγκριση και, ως εκ τούτου, εμποδίζουν τον επιχειρηματία να επικεντρωθεί στην αρχή στην κύρια δραστηριότητά του. Επιπλέον, το γεγονός ότι πρέπει να καταρτίσουν ένα επιχειρηματικό σχέδιο μπορεί να αποθαρρύνει τους επιχειρηματίες από το να συνεχίσουν τα σχέδιά τους.

- **Λίγες πιθανές εναλλακτικές λύσεις.** Δυστυχώς, υπάρχουν λίγες ή καθόλου εναλλακτικές λύσεις για το επιχειρηματικό σχέδιο. Η έλλειψη ενός τέτοιου σχεδίου κατά τη διάρκεια της άντλησης κεφαλαίων θα μπορούσε να αποβεί επιζήμια για τη νέα εταιρεία, καθώς οι τράπεζες και άλλα χρηματοπιστωτικά ιδρύματα επιθυμούν να έχουν μια σταθερή βάση πριν επενδύσουν. Ωστόσο, είναι πολύ πιθανό ότι η στάση αυτή θα αλλάξει μια μέρα υπέρ των απλουστευμένων μελετών εκκίνησης επιχειρήσεων, όπως συμβαίνει στον Καναδά. Ωστόσο, υπάρχουν δύο περιπτώσεις στις οποίες το επιχειρηματικό σχέδιο δεν είναι υποχρεωτικό: όταν ένας επιχειρηματίας αποφασίζει να παράσχει ο ίδιος τα απαραίτητα κεφάλαια για να ξεκινήσει το έργο- και όταν οι εταιρείες με υψηλή προστιθέμενη αξία αλλά σημαντικούς κινδύνους βασίζονται σε μεμονωμένους επενδυτές, επενδυτές-αγγέλους ή επενδυτικά κεφάλαια (ωστόσο, θα πρέπει να παρουσιάσουν και πάλι τα λίγα βασικά σημεία του επιχειρηματικού σχεδίου, δηλαδή το μελλοντικό προϊόν, τη χρησιμότητά του, τους δυνητικούς πελάτες και τον αναμενόμενο κύκλο εργασιών).

 ΕΠΕΝΔΥΤΕΣ-ΑΓΓΕΛΟΙ

Οι επενδυτές-άγγελοι είναι έμπειροι ιδιώτες επενδυτές (με κάποια ίδια κεφάλαια) οι οποίοι, καθοδηγούμενοι από τη διαίσθησή τους, παρέχουν χρηματοδότηση και προσφέρουν στους προστατευόμενούς τους την τεχνογνωσία τους, το επιχειρηματικό τους δίκτυο και τις γνώσεις τους ως εταίροι της νέας εταιρείας. Οι νέες εταιρείες που χρησιμοποιούν αυτό το είδος επένδυσης είναι συχνά νεοσύστατες επιχειρήσεις με υψηλό δυναμικό ανάπτυξης, που προσφέρουν καινοτόμες λύσεις όσον αφορά νέες τεχνολογίες ή βιομηχανικές τεχνικές ή σε αναδυόμενες αγορές.

ΕΠΕΚΤΑΣΕΙΣ ΤΟΥ ΕΠΙΧΕΙΡΗΜΑΤΙΚΟΥ ΣΧΕΔΙΟΥ

Η ισορροπημένη κάρτα αποτελεσμάτων

Πρόκειται για ένα εργαλείο καθοδήγησης και διαχείρισης της εταιρείας που βασίζεται σε KPIs (Key Performance Indicators), το οποίο παρέχει στα στελέχη και τους διευθυντές μια σαφή επισκόπηση των σημαντικών δραστηριοτήτων που βρίσκονται σε εξέλιξη ή πρόκειται να υλοποιηθούν. Δεν υπάρχει ένας μόνο τύπος scorecard, διότι προσαρμόζεται στην εταιρεία. Διαθέτει γενικούς δείκτες, όπως ο κύκλος εργασιών, καθώς και δείκτες ειδικούς για κάθε τομέα.

Ο πίνακας ισορροπημένης βαθμολογίας μπορεί να χρησιμοποιηθεί σε συνδυασμό με το επιχειρηματικό σχέδιο, διότι, συγκεντρώνοντας τα βασικά μεγέθη, βοηθά στον έλεγχο και την παρακολούθηση της νέας εταιρείας καθ' όλη τη διάρκεια των πρώτων χρόνων της. Εκτός από τον εταιρικό έλεγχο, αυτό το διοικητικό εργαλείο επιτρέπει επίσης στους διευθυντές να προβλέπουν τα προβλήματα, δημιουργώντας προβλέψεις για την αντιμετώπισή τους αργότερα, αλλά και να αναπτύσσουν μια σαφή στρατηγική. Πράγματι, χάρη στους διάφορους στρατηγικούς τομείς που μελετώνται, τίποτα δεν παραλείπεται.

- **Χρηματοοικονομικοί άξονες:** κύκλος εργασιών, αναμενόμενο κέρδος, κέρδη ανά μετοχή (EPS), απόδοση επενδύσεων (ROI), απόδοση ενεργητικού (ROA) κ.λπ.

- **Άξονας πελατών:** μερίδιο αγοράς, επίπεδο ικανοποίησης πελατών, ποσοστά διατήρησης κ.λπ.

- **Άξονας εσωτερικών διεργασιών:** διάρκεια και κόστος παραγωγής, χρόνος παράδοσης, χρόνος ανταπόκρισης του πελάτη κ.λπ.

- **Άξονας οργανωσιακής μάθησης:** αριθμός παραπόνων από τους εργαζόμενους, ποσοστό εσωτερικής ικανοποίησης, αριθμός μαθημάτων κατάρτισης που παρακολούθησαν, ευκαιρίες ανάπτυξης κ.λπ.

Το διάγραμμα Gantt

Πρόκειται για ένα εργαλείο διαχείρισης έργων που χρησιμοποιείται τακτικά στην πληροφορική και τη μηχανική. Παρέχει μια οπτική αναπαράσταση της προόδου του έργου, των διαφόρων ορόσημων (ημερομηνίες κλειδιά) και του τι απομένει να γίνει. Αυτό το εργαλείο είναι ιδιαίτερα χρήσιμο για τον προγραμματισμό της έναρξης λειτουργίας μιας εταιρείας.

ΠΕΡΙΛΗΨΗ

- Το επιχειρηματικό σχέδιο είναι ένας επιχειρησιακός οδηγός, χρήσιμος κατά τη δημιουργία μιας επιχείρησης ή την έναρξη ενός μεγάλου έργου, που περιγράφει με ακρίβεια τις κατευθυντήριες γραμμές και τις μελλοντικές προσδοκίες (για τα επόμενα τρία χρόνια), παρέχοντας παράλληλα μια βραχυπρόθεσμη και μεσοπρόθεσμη επισκόπηση του έργου.

- Έχει σχεδιαστεί για στελέχη και διαχειριστές έργων, οι οποίοι θα πρέπει να διασφαλίσουν ότι το έργο είναι εφικτό και να παρακολουθούν στενά την υλοποίησή του. Θα βοηθήσει επίσης να πείσει τους επενδυτές και να ενημερώσει όλους τους συνεργάτες για τα καθήκοντα και τις ευθύνες τους.

- Το έγγραφο χωρίζεται σε περίπου δέκα κεφάλαια και έχει τους ακόλουθους κύριους στόχους:

  - Παρουσιάστε το προϊόν και τα πλεονεκτήματά του μέσω του σχεδίου μάρκετινγκ,

  - Περιγράψτε το περιβάλλον μέσα και γύρω από την εταιρεία μέσω της έρευνας αγοράς,

  - Παροχή οικονομικών προβλέψεων μέσω του οικονομικού σχεδίου.

- Το μεγαλύτερο πλεονέκτημά του είναι το γεγονός ότι προσφέρει ένα σαφές περίγραμμα του έργου, χωρίς γκρίζες ζώνες. Είναι απαραίτητο να μπορεί να καθοριστεί μια σαφής και αποτελεσματική στρατηγική, τόσο σε περιόδους κρίσης όσο και σε κανονικές συνθήκες.

- Το επιχειρηματικό σχέδιο είναι σχεδόν υποχρεωτικό όταν υποβάλλεται αίτηση για χρηματοδότηση από δημόσιους φορείς και τράπεζες και δεν έχει πολλές εναλλακτικές λύσεις. Ορισμένοι ιδιώτες επενδυτές, όπως οι επενδυτές-άγγελοι, προτιμούν μια σύντομη και απλουστευμένη παρουσίαση που εστιάζει περισσότερο στο προϊόν, τη χρησιμότητά του και την τόσο σημαντική απόδοση της επένδυσης.

- Για να είναι αποτελεσματικό, ένα επιχειρηματικό σχέδιο πρέπει να καταρτιστεί σωστά και αντικειμενικά. Τα λάθη πρέπει να αποφεύγονται πάση θυσία και δεν πρέπει, σε καμία περίπτωση, να αποκρύπτετε επιζήμιες πληροφορίες, με κίνδυνο να δείτε την επιχείρησή σας να καταρρέει.

- Είναι σημαντικό να εγκρίνουν το επιχειρηματικό σχέδιο άτομα εκτός του έργου, ώστε να διασφαλιστεί ότι είναι αξιόπιστο και εύκολα κατανοητό.

- Τέλος, το επιχειρηματικό σχέδιο, το οποίο χρησιμοποιείται παράλληλα με τον ισοζυγισμένο πίνακα αποτελεσμάτων, θα πρέπει να χρησιμεύει ως έγγραφο αναφοράς καθ' όλη τη διάρκεια των πρώτων ετών μετά την έναρξη λειτουργίας της νέας εταιρείας ή του νέου έργου που περιγράφεται σε αυτό. Οι επιχειρηματίες θα πρέπει να είναι σε θέση να το χρησιμοποιούν ως μέτρο σύγκρισης για να διασφαλίζουν ότι η στρατηγική λειτουργεί όπως πρέπει και το έργο είναι κερδοφόρο- ανάλογα με τις ανάγκες, θα πρέπει να προσαρμόζονται οι στόχοι, να γίνονται αλλαγές και να συμπληρώνονται νέες προβλέψεις.

ΠΕΡΑΙΤΕΡΩ ΑΝΑΓΝΩΣΗ

ΒΙΒΛΙΟΓΡΑΦΙΑ

Abrams, R. (2014) *The Successful Business Plan: Μυστικά και στρατηγικές*. Palo Alto: Alto Alto: Planning Shop.

BECI (Χωρίς ημερομηνία) *Business plan : quels points aborder ?* [Online]. [Πρόσβαση 28 Απριλίου 2015]. Διαθέσιμο από: < http://www.beci.be/services/je_cree_ma_societe/business_plan_quels_points_aborder/>

Επιχειρηματίας (χωρίς ημερομηνία) *Επιχειρηματικό σχέδιο.* [Online]. [Πρόσβαση 28 Απριλίου 2015]. Διαθέσιμο από: < http://www.entrepreneur.com/encyclopedia/business-plan>

Filion, L. J., Ananou, C. and Schmitt, C. (2012) *Réussir sa création d'entreprise sans business plan*. Paris: Eyrolles.

Kotler, P., Keller, K. and Manceau, D. (2012) *Marketing Management*. [14η έκδοση]. Montreuil: Pearson.

Lavinski, D. (2013) Περίγραμμα επιχειρηματικού σχεδίου – Λίστα ελέγχου 23 σημείων για επιτυχία. *Forbes*. [Online]. [Πρόσβαση 28 Απριλίου 2015]. Διαθέσιμο από: < http://www.forbes.com/sites/davelavinsky/2013/12/03/business-plan-outline-23-point-checklist-for-success/>

LICP. (2015) *Tableau de bord et reporting*. [Online]. [Πρόσβαση 10 Ιουνίου 2015]. Διαθέσιμο από το Internet Archive: < http://web.archive.org/web/20150513051720/http://www.licp.fr/site/images/stories/pdf/BTS_cgo/p8_9_chap8.pdf>

Université de Namur. (2013) Guide d'information. Le plan d'affaires ou business plan. *UNamur*. [Online]. [Accessed 28 April 2015]. Διαθέσιμο από το Internet Archive: < http://web.archive.org/

web/20130613005419/http://www.unamur.be/recherche/
utiles/optival/formations/OPTIVALGuidePlanAffaires.pdf>

ΠΡΟΣΘΕΤΕΣ ΠΗΓΕΣ

Stutely, R. (2001) *The Definitive Business Plan: The Fast-Track to Intelligent Business Planning for Executives and Entrepreneurs.* Upper Saddle River: FT Press.

IMPROVE YOUR GENERAL KNOWLEDGE
IN THE BLINK OF AN EYE!

Ο εκδότης διασφαλίζει την αξιοπιστία των πληροφοριών που δημοσιεύονται, η οποία όμως δεν μπορεί να αποτελέσει ευθύνη του.

Κύριο ISBN: 9782808664257
ISBN: 9782808671675
Νόμιμη κατάθεση: D/2023/12603/489

Ψηφιακός σχεδιασμός: Primento,
ο ψηφιακός συνεργάτης των εκδοτών.

www.ingramcontent.com/pod-product-compliance
Lightning Source LLC
LaVergne TN
LVHW010845200726
843508LV00012B/2761